Sussurri e grida

Un capolavoro di Ingmar Bergman

Saggio

Salvatore M.Ruggiero

Sussurri e grida
(1971-'72)

(Titolo originale:
Viskningar och rop

titolo in inglese:
Cries & wishpers

a tutti quelli che provano il dolore della malattia.

"....*In un lungo attacco di malinconia scrissi un film dal titolo* Sussurri e grida. *Per la seconda volta durante la mia vita, i giornalisti avevano cominciato a sostenere che la mia carriera era conclusa. Stranamente tutta questa indifferenza, taciuta o espressa, non aveva su di me alcun effetto. Girammo il film in un'atmosfera di fiducia e di allegria.*"

(I.Bergman, Lanterna magica)

PROLOGO

"La prima immagine ritornava sempre: la stanza rossa con le donne vestite di bianco. (...) Quattro donne vestite di bianco in una stanza rossa.[1]"

Se qualcuno volesse avvicinarsi alla visione di uno dei massimi capolavori di Ingmar Bergman, ma anche di uno dei massimi capolavori della cinematografia mondiale, e cercasse una frase-guida, un indizio, un viatico, una indicazione di sorta per una perfetta ed esaustiva lettura e comprensione del film, dovrebbe sicuramente tenere presente, anzi avere nella massima attenzione, ciò che lo stesso regista disse a proposito di *Sussurri e grida*: ..."*Tutti i miei film possono essere pensati in bianco e nero, eccetto* Sussurri e grida. *C'è scritto anche nella sceneggiatura, io*

---

1   Ingmar Bergman, *Immagini.*

5

ho sempre immaginato il rosso come l'interno dell'anima. Quando ero bambino, vedevo l'anima come un drago color azzurro-fumo che svolazzava come un'ombra, munito di potenti ali, una creatura per metà uccello e per metà pesce. Ma nell'interno del drago tutto era rosso.[2]"

E' vero, come è vero, che, pur essendo *Sussurri* e *grida*, un film *difficile* (leggi: complesso) per le molteplici e profonde implicazioni culturali e psicoanalitiche, e anche duro, per le forti, a volte quasi insopportabili, sollecitazioni psicologiche e visive, lo spettatore per riuscire a penetrarne la più intima essenza non deve dare che ascolto ai semplici suggerimenti che, durante la visione, gli deriveranno solo dai sussulti della sua anima.

Come meravigliosamente scrisse il critico Giovanni Grazzini, nel suo libro

---

2   Ingmar Bergman, *Immagini*.

Gli anni settanta in cento film: "*Per sentire* Sussurri e grida *basta fornirsi di occhi limpidi e trepido cuore*".
Buona visione!

SINOSSI

"Scrissi Sussurri e grida *dalla fine di marzo all'inizio di giugno, durante un periodo di solitudine pressoché ermetica a Faro*[3]. *Proprio allora ebbe luogo il dramma con Ingrid von Rosen*[4], *che poneva fine al suo matrimonio durato 18 anni. A settembre cominciammo le riprese. A novembre, quando erano finite, Ingrid e io ci sposammo."*

Agnes[5] sta morendo di un male incurabile, in una villa fuori Stoccolma, e per l'occasione è accudita dalle sue due sorelle, Karin e Maria, e dalla fantesca Anna[6].

---

3 Dello stesso autore: Salvatore M. Ruggiero, vedi il saggio *Faro Magica.*
4 All'anagrafe Ingrid Karlebo, sposata von Rosen: la quinta moglie di Ingmar Bergman.
5 Interpretata da Harriet Andersson: il nome del prsonaggio è un dichiarato omaggio al maestro Strindberg.
6 Interpretate, rispettivamente, da: Ingrid Thulin, Liv

Agnes, non è ancora l'alba, si alza dal letto va alla scrivania dove tiene il suo diario e annota: *"E' lunedì mattina presto e sto soffrendo."*

La sofferenza prima e l'agonia dopo di Agnese ha provveduto anche a mettere a nudo i problemi che esistono all'interno della famiglia, con le sorelle e tra le sorelle e i rispettivi mariti.

Karin e Maria, pur reagendo in maniera diversa davanti alla sorte della sfortunata sorella, se ne distaccano entrambe con eccessiva facilità, tanto che il lavoro sporco è tutto svolto dalla fantesca di casa: Anna. Il rapporto delle due sorelle sane con i loro mariti è molto turbolento: Karin è una donna fredda e non ha il minimo contatto con Fredrik[7] suo marito, che è diplomatico, mentre Maria ignora del tutto suo

_____

Ullman e Kari Sylwan.

7 Interpretati, rispettivamente da Georg Arlin e Henning Moritzen.

marito Joakim, consigliere e non disdegna di tradirlo con David[8] il dottore.

Fra questi glaciali rapporti personali, l'unica persona di cuore della storia si rivelerà proprio Anna, la fantesca che da anni si occupa di Agnes. Addirittura arriva ad allattarla come una bambina, quasi in memoria della propria figlia morta quando era ancora una bambina. Dopo il funerale la proprietà viene frettolosamente venduta e Anna viene liquidata molto bruscamente, mentre le due sorelle Karin e Maria si lasciano con molta freddezza.

Il finale del film è rimasto leggendario: le tre sorelle Maria, Agnes e Karin, vestite completamente di bianco, compreso l'ombrellino parasole aperto sulla testa, avanzano sul prato del loro parco, seguite a breve distanza dalla

---

8 Interpretato da Erland Josephson.

fantesca Anna, anch'essa vestita con un lungo abito bianco e grigio, ma senza ombrello. Immagine molto bella e suggestiva nella quale ritroviamo materializzati gli appunti che Bergman annota sul suo diario all'epoca della scrittura della sceneggiatura originale.

"Una scena che vedo è l'uscita delle sorelle nel parco, con molta cautela, insieme alla sorella malata, per osservare l'autunno, per cercare la vecchia altalena su cui si sedevano da bambine.[9]"

Ci avviamo lentamente alla fine del film. Nel diario di Agnes si legge: *"Sento di dover essere grata alla vita che mi dà tanto"* e poi una didascalia dove viene riportata una frase del profeta Geremia: *"Quando le grida e i sospiri saranno passati."*

---

9   Ingmar Bergman, *Immagini.*

11

ANALISI DEL FILM

"Il titolo del film in realtà è preso da un critico musicale che nel recensire un quartetto di Mozart ha scritto che era come sussurri e grida.[10]*"*

Opera molto dura del maestro svedese, che racchiude tutto il suo lirismo proprio nelle sequenze più gelide.

La fotografia di Sven Nyqvist è essenziale, basandosi su colori molto decisi che rispecchiano anche lo stato emotivo dei personaggi: rosso per il dolore, bianco per l'innocenza, nero per il lutto. Inoltre Bergman ricorre all'uso di diversi *flash-back* e di una voce narrante, espedienti in realtà poco usati nella sua cinematografia.

La prima frase di Agnes, è quello che riusciamo a leggere dal suo diario: *"È lunedì mattina presto... e sto soffrendo."*

---

10 Ingmar Bergman, *Immagini.*

Essa introduce l'atmosfera sofferente di tutta l'opera, dominata da un lato dalla freddezza di Karin e dall'altro dalla superficialità di Maria.

All'interno di questo capolavoro, Ingmar Bergman affronta un tema ricorrente nella sua filmografia: il tema della morte, ponendo sullo sfondo una famiglia benestante e un paesaggio ameno ed esplicitando il conflitto fra Karin e Maria da una parte, entrambe imprigionate dalle reti di un sistema borghese dove ogni valore perde senso, come la femminilità e il matrimonio; dove i sentimenti si vendono alle convenzioni; dove una cieca e inconfessabile fragilità etica impedisce qualsiasi confronto con il diverso e con il trascendente.

Anna e la povera Agnese in un devoto silenzio, interrotto raramente da frasi brevi e concitate, racchiudono la loro religiosità, la loro purezza interiore e il loro infinito e sincero affetto, che le unisce in una scena commovente, dove Anna accoglie nel suo materno seno le spoglie esanimi di Agnese, riproducendo una moderna Pietà di Michelangelo.

"Un film di estrema violenza." lo definisce Piera Detassis.

In effetti tra un rosso e l'altro, Ingmar Bergman riesce a inserire, come di consueto, un'inestimabile morale di vita: accetta il dolore e sorridi alla felicità. E costruisce una memorabile riflessione sul dolore fisico, sulla pietà umana, sull'ambigua ma solida capacità di sofferenza tipica delle donne.

Il film fu ambientato in un posto splendido: il castello di Taxinge, appena fuori Mariefred, a Faro. Ma si svolge prevalentemente negli interni della villa, dove ogni piccolo particolare è curato e preciso, ma in cui non c'è amore, non c'è calore umano se non quello della fantesca Anna. L'arredamento è freddo e quasi impersonale, mentre le rarissime escursioni all'esterno innevato ricordano i quadri di Brueghel[11].

La fotografia, di altissimo livello, è ancora una volta di Sven Nykvist, abituale collaboratore del regista.
Interpreti sono quattro donne straordinarie e positive:
"Agnes: la moribonda;
Maria: la più bella;
Karin: la più forte;
Anna: la servizievole.[12]*"*
Altrettanto straordinarie le attrici.
Di esse Ingmar Bergman dice nel suo libro-diario *Immagini: "Quando quattro attrici dalle possibilità*

---

11 Pittore fiammingo vissuto a cavallo tra il XVI° e il XVII° secolo.
12 Ingmar Bergman, *Immagini.*

illimitate si trovano insieme, possono scaturire rischiose collisioni di sentimenti. Ma le ragazze erano gentili, leali e pronte a collaborare. Inoltre, e soprattutto, colme di talento. In verità non avevo nessun motivo di lamentarmi. E non mi lamentai."

Alle quattro donne fantastiche[13] si contrappongono quattro uomini, modesti, con ruoli secondari, e con caratteristiche negative, interpertati da quattro bravi attori (in ruoli detestabili), tra i quali Erland Josephson che diventerà amico fraterno di Bergman e uno dei suoi collaboratori più stretti.

Ingmar Bergman, al massimo delle sue capacità espressive, ispirandosi al teatro intimista[14] di August Strindberg,

---

13 Secondo Jean Luc Godard: *"Solo Bergman è capace di filmare gli uomini come li amano ma li detestano le donne e le donne le detestano ma le amano gli uomini."*

14 Movimento di teatro e di cinema tedesco degli anni venti: letteralmente *recitazione da camera.*

realizza una delle sue opere più potenti e drammatiche, perfetto esempio di *kammer-spiel,* innalzandosi sulla più alta e *"mostruosa sapienza di stile.[15] "*

Il film, come lo stesso Maestro dice: (fu) ...*"ispirato in un lungo attacco di malinconia".*

Come al solito, per tutti o quasi tutti i film di Ingmar Bergman, anche al centro di questo film c'è la figura di Dio.

Nel senso che Dio aleggia su tutto il film, per tutto il film, fino ad una delle ultime scene.

In una specie di panteismo (Dio è in tutto: tutto è Dio) verbale e reale.

Fino a quando il pastore che recita l'orazione funebre in onore di Agnes, prega, rivolgendosi alla morta, ma per giungere a Dio: *"Implora il Signore che ci liberi dalle nostre angosce e debolezze, dai nostri dubbi più*

---

15 Giovanni Grazzini, *Gli anni settanta in cento film.*

profondi. Pregalo di dare un senso alla nostra vita".

Ma Dio sta negli esseri umani, nei loro corpi e nella loro carne.

Oltre che nella loro sofferenza.

Come negli stessi posti è possibile rinvenire la morte.

Ma, nonostante la presenza incombente di Dio, i veri protagonisti del film, stavolta, sono gli esseri umani.

Divisi, anche numericamente (quattro e quattro), nei due diversi sessi: femminile e maschile.

Ma mentre le donne appaiono forti, determinate, valorose, rocciose, in netta contrapposizione con le loro qualità si pongono i difetti dei maschi, quasi tutti codardi, cinici, reticenti, profittatori, materialisti.

Proprio questo singolare aspetto, questa distinzione manichea tra buone e cattivi, ha fatto gridare ad una palese, ingiustificata misantropia del Maestro. Come pure qualche critico si scandalizzò della plateale presa di posizione di Ingmar Bergman in favore delle classi meno agiate, personificate nel film dalla cameriera Anna, il personaggio sicuramente migliore, dal punto di vista umano. Sebbene tale circostanza non dovrebbe meravigliare più di tanto, visto che lo stesso Bergman, le rare volte che, essendo stato costretto a parlarne, politicamente si è sempre definito socialdemocratico. Il personaggio di Anna, poi, è davvero un limpido, adamantino esempio vivente di fede in Dio. La stessa donna che in una delle scene iniziali del film si ritira nella sua camera, si abbassa sull'inginocchiatoio e prega Dio. E lo prega nonostante, quattro anni prima, lo stesso Dio abbia chiamata a se prematuramente la figlioletta di quattro anni.

Non solo lo ringrazia per la sua saggezza ma gli raccomanda l'anima della sua piccola ascesa al cielo: *"Grazie, mio Dio, per avermi concesso di svegliarmi sana e serena dopo una notte trascorsa in un sonno profondo sotto la tua benevola protezione. Ti prego oggi qui come ogni giorno di far custodire e difendere dai tuoi angeli la mia bambina che nella tua insondabile saggezza hai voluto chiamare al tuo fianco"*.

La stessa Anna che, oltre ad accudire fisicamente Karin, la assiste anche psicologicamente: cerca in tutti i modi di risollevarne lo spirito, anche leggendole un brano de *Il circolo Pickwick*[16].

Ancora una volta Ingmar Bergman sembra ricorrere all'arte, in questo caso alla scrittura, come per considerarlo

---

16 Un classico della letteratura per ragazzi, firmato nell'800, del narratore inglese Charles Dickens.

l'unico antidoto contro un presente non più soddisfacente, anzi, un presente che si va facendo sempre più drammatico.

Anna viene portato ad esempio di individuo profondamente e sinceramente religioso, che ad un affronto, pure da considerarsi ingiusto, del proprio Dio, reagisce con la fede: reagisce accrescendo la sua fede ed intensificando le sue preghiere, quindi la sua religiosità. Esempio praticamente opposto a quello del pastore Thomas[17] che, pur essendo un amministratore del culto, reagisce sconsideratamente al lutto personale: ha perso la moglie e con essa ha perso definitivamente anche la fede in Dio.

Ma, come accennato in precedenza, i protagonisti del film sono anche i corpi e la carne umani.

_____

17 Il protagonista di *Luci d'inverno* (*Nattsvardgasterna*, 1961).

Come corruzione della carne, attraverso l'incedere della malattia mortale che si nasconde nelle viscere di Agnes; o (corpo e carne) come calore umano, attraverso il rapporto fisico che si instaura tra la fantesca Anna e la malata Agnes.

Rapporto suggellato dall'abbraccio michelangiolesco, come a simboleggiare una *Pietà laica*, che Ingmar Bergman costruisce in una delle scene più suggestive e formalmente meglio riuscite di tutto il film.

Rapporto sottolineato, anche in una scena precedente, dallo splendido appunto letto da Anna dal diario di Agnes (Harriet Andersson) malata di cancro e morente: *"Il regalo più bello è la solidarietà, il calore umano, l'affetto. Credo che la gioia sia proprio questa."*

O, infine, carne come nel corpo ferito

nella sua intimità femminile sanguinante, sulla quale Karin si accanisce con un pezzo di vetro, come segno di sfida nei confronti del marito Fredrick, reo di averla trascurata per una vita, rincorrendo solo la sua carriera diplomatica.

Ancora una volta riecheggia, come in molti altri film di Ingmar Bergman la sua filosofia atea e il suo concetto di amore che può sostituire Dio, magistralmente sintetizzato nelle tre frasi che seguono: *"Viviamo così lontano da Dio che forse non ci sente quando chiediamo aiuto. Perciò dobbiamo aiutarci tra noi e darci l'un l'altro quel perdono che un Dio remoto ci nega."*

E ancora: *"L'amore abbraccia tutto anche la morte."*

E, infine: *"Dobbiamo avere qualcuno da amare, se non lo abbiamo è come essere morti."*

E, se alle donne, Ingmar Bergman sembra aver riservato in *Sussurri e grida* le battute migliori, al contempo attribuisce ai maschi quelle peggiori e, comunque, quelle che appaiono allo spettatore le più insulse e discutibili.

David, il dottore (Erland Josephson), ad esempio, in una scena si rivolge a Maria, una delle tre sorelle (Liv Ullman), con la quale in passato ha avuto una relazione extraconiugale, dicendo: *"Sai da dove ti vengono le rughe? Dalla tua indifferenza. E questa lieve curva che va dall'orecchio alla punta del mento non è nitida come un tempo. Questo significa che sei superficiale e indolente. E lì alla radice del naso ora c'è troppo sarcasmo, c'è troppo scherno. E sotto i tuoi occhi inquieti mille rughe impietose, secche, quasi inavvertibili di noia e di impazienza".*

E ancora il dottore David sempre

rivolgendosi a Maria, nella stessa sequenza: *"Vieni qui, guardati allo specchio. Sei bella, sei forse anche più bella che allora, ma tanto cambiata."*

E si giunge alla inesorabile fine: la morte di Karin.

Sopraffatta dalla malattia, come in una tragedia dal finale già scritto, la donna si abbandona nelle braccia della morte.

Giovanni Grazzini, all'epoca della presentazione del film a Cannes, disse: *"Suona l'ora di Bergman, e sul più alto pennone del festival s'alza il vessillo del brivido![18]"*

E, in effetti l'orrore arriva sullo schermo quando Karin, già morta, ma ancora sul letto di morte, tenta di avvinghiarsi ad Anna e a lei si rivolge, dicendo: *"Io sono morta ma non posso lasciarvi."*

E' il ricorso di Ingmar Bergman alla pazzia del sogno o alla pazzia della

---

18 Giovanni Grazzini, *Gli anni settanta in cento film.*

vita reale che tanto somiglia ad un sogno.

Anna risponde, infatti: *"E' solo un sogno."*

Ma Karin, la morta, risponde a sua volta, ribadendo alla sorella la sua richiesta d'amore che pare reale: *"Forse per te, ma non per me."*

L'INFANZIA, I RICORDI, LA MEMORIA: L'AUTOBIOGRAFISMO

Verso la fine del film Agnes ricorda la madre morta una ventina d'anni fa e alcuni momenti della sua infanzia vissuti con essa.

In questa scena riverberano il significato che l'infanzia[19], la memoria[20], i ricordi[21], e l'autobiografismo[22] rivestono, nella sua poetica, lungo tutta l'opera di Ingmar Bergman.

---

19 *"L'infanzia è sempre stata la mia maggiore fornitrice."* (Ingmar Bergman, *Lanterna magica*)
20 Ingmar Bergman amava Marcel Proust e il suo aforisma: *"Solo nella memoria si forma la realtà"*.
21 *"E' proprio questa la pedagogia narrativa di Bergman: c'è solo il presente e l'infanzia ricordata, rivissuta, è una sorta di prova generale, Un mondo perduto di luci, profumi, suoni, da conservare per sempre."* (Antonio Costa, *Ingmar Bergman*)
22 Secondo August Strindberg, altro maestro di Bergman, *"L'autobiografismo è l'unica forma di letteratura."*

Agnes racconta: *"Penso sempre alla mamma, quasi ogni giorno, anche se è morta da più di vent'anni. Ricordo che spesso andava a cercare pace e solitudine in giardino. Ricordo anche che io passo passo la seguivo a distanza e la spiavo, ma senza intenzione, solo perché le volevo bene ed ero gelosa. Le volevo bene perché era dolce, bella, viva; perché faceva sentire la sua presenza. Certe volte però sapeva essere severa, quasi crudele, e mi rimproverava ed io non potevo fare a meno di essere dispiaciuta per lei, ma adesso che ho un'altra età riesco a capirla meglio. Vorrei poterla rivedere per dirle tutto quello che oggi intuisco della sua noia, della sua impazienza, dei suoi desideri, della sua malinconia.(...) per l'Epifania la mamma dava sempre una festa e la zia Olga arrivava con la sua lanterna magica[23] e le sue favole. Mi sentivo sempre esclusa e spaurita e se la mamma mi parlava in quel suo modo sbrigativo capivo appena ciò che mi diceva. La mamma e Maria, invece, avevano sempre tante cose da confidarsi, si somigliavano molto, e io un po' gelosa non capivo cosa avessero tanto da ridere. Erano tutti di buon umore, solo io non riuscivo ad unirmi alla loro allegria. Mi ricordo un'altra volta si era in autunno, mi ero nascosta dietro una tenda e da lì la osservavo, era seduta nel salotto rosso, indossava un abito bianco, assorta nei suoi pensieri, la testa china e le mani abbandonate sulla tavola. A un tratto mi vide e mi chiamò con voce dolce. VIENI! Andai verso di lei*

---

23 Lanterna magica, due parole ricorrenti nella vita di Ingmar Bergman: così s'intitola la sua autobiografia nella quale racconta diversi episodi legati a questa macchina affascinante che lo iniziò al cinema.

esitante perché pensai che come al solito volesse rimproverarmi, invece mi fissò con uno sguardo così dolce che quasi scoppiai a piangere. Sollevai una mano e le sfiorai una guancia. Quella volta ci sentimmo tanto vicine."

AGNES E ANNA

Un grande scena, una delle tante in *Sussurri e grida,* è certamente quella che vede protagoniste Anna ed Agnes, l'infermiera che va al capezzale della donna morente di cancro.

In essa un distillato di tutto l'amore, la compassione, il senso di sacrificio che un essere umano, che pure ha perso sua figlia, una bambina di quattro anni, può mettere in campo e, insieme, la sofferenza, il dolore, l'inadeguatezza alla vita di una donna che sa di dover morire ma è impreparata alla morte.

Ma quale essere umano può mai ritenersi preparato a morire?

L'uomo non ama la morte. La rifiuta. La fugge. Sempre e comunque.

Quando Agnes morta si rivolge alle sorelle e dice loro: *"Io sono morta ma non posso lasciarvi."*

Le due sorelle, che pure le hanno fatto

compagnia, l'hanno a loro modo amata, la respingono indietro, con gelo nel corpo e terrore negli occhi.

Eppoi, chi può essere più grato alla vita?

I vivi o i morti (o i morenti)?

Alla fine del film la domanda sembra ottenere la meritata risposta.

Anna legge il diario di Agnes, nel quale la scrivente ammalata e agonizzante manifesta tutto il suo attaccamento alla vita.

Solo i morenti possono essere grati alla vita; hanno consumato tutto il loro attaccamento.

Quelli che sanno di poterla ancora vivere non hanno gratitudine: sono quasi tutti colpiti dal male di vivere.

E si ritrova in *Sussurri e grida* anche lo strano concetto di commistione tra vita e morte; di non-differenziazione netta tra vita e morte.

Ingmar Bergman lo aveva proposto in

un suo capolavoro precedente: *Il posto delle fragole.*

In pratica la tesi bergmanina appare solo superficialmente assai originale; ad una più attenta analisi essa è intrisa dei valori biblici cristiano-cattolici.

Muove dalla nozione biologica della nascita, che ci porta alla vita, che non è altro che un lungo processo di invecchiamento concluso dalla morte biologica.

E dopo la morte l'individuo rinasce a nuova vita.

Risorge.

Come pare risorgere Agnes.

La quale morendo, risorge a nuova vita.

In Bergman la morte e la vita non appaiono tanto nettamente distinte o contrapposte; ma si compenetrano; si completano, l'uno con l'altro fenomeno.

Vita e morte, nel grande cinema di

Ingmar Bergman sono fatte della stessa sostanza del sogno.

Agnes, dolorante e morente, dal letto della sua camera, con voce accorata e sofferente, chiama Anna, intenta a cucire: *"Anna, vieni qui! Anna, ti prego, vieni. Sdraiati! Qui... qui accanto... Vorrei tornare nella culla... Vicina alla mamma."*

Anna si china sul suo viso, la bacia e, intanto inizia a sbottonarsi la camicia bianca.

Anna: *"Ci sei vicina, cara, sei ancora vicina al suo seno. Sono io la tua mamma."*

Agnes, con un filo di voce: *"Non è vero! E' morta."*

Agnes si china ancora sul suo viso, la bacia ripetutamente, sul volto, sulle labbra, tra i capelli.

Poi, con voce rassicurante e dolce: *"Non devi temere, ci sono io accanto e non ti lascio."*

Agnes, sofferente: *"Il cuscino è caldo."*

Anna: *"Ma le mie mani sono fresche, appoggiati a me, vieni sul mio seno, starai meglio."*

Anna stringe Agnes a se, contro il suo grande seno nudo, la accoglie tra le sue gambe[24]: *"...come faceva la mia piccola. Prova a dormire un po', prova a dormire. "*

Agnes: *"Sei così buona tu."*

"Credo che il film sia fatto di questa poesia: una persona muore ma si impiglia a mezza strada in qualcosa, come in un incubo, e chiede tenerezza, esonero, liberazione,o qualsiasi altro diavolo di cosa. Ci sono altre due persone e le loro azioni e i loro pensieri si trovano in relazione con la persona morta, non-morta, morta. La

---

24 Per quella che è stata definita da alcuni critici l'icasticizzazione michelangiolesca di una Pietà laica.

terza la salva tranquillizzandola, cullandola, accompagnandola per strada. Credo che questo sia poesia, o l'invenzione o come la si voglia chiamare.[25]"

25 Ingmar Bergman, *Immagini.*

LA CENA DELLE BEFFE

Sussurri e grida è anche il film nel quale Ingmar Bergman torna sul tema dell'inferno dentro il matrimonio.
Sia Maria che Karin vivono due situazioni famigliari, anzi matrimoniali, abbastanza burrascose.
Ingmar Bergman le descrive in due precise occasioni narrative, con altrettanti *flash-back*. Il primo, quando mostra il tentativo di suicidio, peraltro quasi tragicomico, del marito di Maria: Joackim. Ad esso la moglie ha praticamente confessato un suo tradimento col medico di famiglia David che è stato invitato a dormire in casa da lei, in assenza delle due sorelle, in gita in Italia e dello stesso marito, fuori per lavoro.
La scena del flash-back si svolge a cena, in casa delle sorelle: Maria osserva David che mangia e intanto

ammicca al dottore che mangia.

Maria parla: *"Anna e Karin si trattengono ancora in Italia. Hanno scritto giorni fa. Agnes sta molto meglio, non tossisce quasi più. E ha ricominciato a dipingere, dice. Il marito di Karin era lì per la Pasqua. Hanno bel tempo come qui da noi in estate, anche se la sera rinfresca."*

David: *"E tuo marito come sta?"*

Maria: *"Mio marito è in città, non torna prima di domani. Gli ho detto che ti avrei chiamato per farti visitare la figlia di Anna. Ti ha lasciato i suoi saluti."*

David, *commosso,* ringrazia: *"Grazie!"*

La seconda, quando mostra la cena triste e silenziosa che si svolge sempre in casa tra il marito diplomatico Friederick e sua moglie Karin.

Friederick, rivolto ad Anna, la fantesca: *"Ancora un po di pesce, per*

favore.”
Rumori di posate.
Friedrick, rivolto a Karin, la moglie:
“Tu non mi fai compagnia?”
Karin: *“No, grazie!”*
Lunghi imbarazzanti silenzi, rotti solo dal rumore delle posate.
Karin beve del vino rosso; il marito la guarda, poi si rivolge alla moglie:
“Perchè sorridi?”
Karin, beffarda: *“Non sorrido!”*
Altro lungo silenzio, mentre Karin osserva il marito che mangia e sorseggia del vino rosso.
Karin: *“Vuoi prendere un caffè in salotto o andiamo subito a letto?”*
Friederick: *“No, il caffè non mi va, grazie.”*
Karin infrange il bicchiere sul tavolo.
Si guardano entrambi, il marito pare sorpreso, poi accenna una smorfia.
Beve ancora del vino. In sottofondo si sente il pendolo di un orologio da

parete che oscilla. Karin guarda il vetro. Pensa qualcosa.

Friederick: *"E' tardi, non resta che andarcene a letto."*

Quando la scena, più tardi, si trasferisce nella camera da letto dei due, Karin si ferisce la vagina col pezzo di vetro di un bicchiere frantumato che ha raccolto dal tavolo.

Col drammatico auto ferimento di Karin si compirà la sua tremenda vendetta contro il marito.

L'estremo gesto pare architettato, infatti, di proposito, a voler impedire al marito qualsiasi tipo di approccio sessuale, pensato o ipotizzato, e racchiude, insieme, il desiderio di una rapporto altro, con altra persona che non sia lui.

IL VOLTO, LA MASCHERA

Nella scena - alla quale abbiamo già accennato - in cui si svolge un accorato ma drammatico dialogo tra il dottore David e Maria, Ingmar Bergman torna su due temi a lui cari, sui quali erano incentrato alcuni dei suoi film più famosi: il volto e la maschera.

Anche se, a voler andare più a fondo nell'analisi, potremmo aggiungere anche: il *tranfert* interpersonale e lo sdoppiamento della personalità.

In questa sede possiamo limitarci a citarne solo due, i film più famosi che hanno alla base questi temi: *Il volto*[26] e *Persona*[27]

David: *"Vieni qui Maria, vieni qui. Guardati allo specchio. Sei bella, sei forse anche più bella di allora, ma sei*

---

26 *Ansiktet*, 1958.
27 *Persona*, 1966. Sullo stesso film un saggio dello stesso autore: Salvatore M. Ruggiero, *Persona – Un capolavoro di Ingmar Bergman.*

tanto cambiata: vorrei che vedessi quanto sei cambiata. I tuoi occhi hanno sguardi rapidi e sfuggenti, un tempo guardavi tutto e tutti apertamente, senza crearti una maschera. La tua bocca ha assunto un'espressione insoddisfatta, famelica, prima era così dolce. Il tuo viso è pallido, la pelle incolore, sei costretta a truccarti. La tua bella fronte ampia, spaziosa ha quattro rughe sopra ogni sopracciglio, non riesci a vederla con questa luce, ma risaltano chiare di giorno. Lo sai da dove ti vengono queste rughe?"

Maria: *"No!"*

David: *"Dalla tua indifferenza, Maria. E questa lieve curva che va dall'orecchio al mento non è nitida come un tempo. Questo significa che sei indifferente e indolente. E lì, alla radice del naso perché ora c'è tanto sarcasmo, Maria? Riesci a vederlo?*

C'è troppo sarcasmo, troppo scherno. E sotto ai tuoi occhi inquieti mille rughe impietose, secche quasi inavvertibili di noia e di impazienza."

Maria: *"Sul serio vedi queste cose sul mio viso?"*

David: *"No! Ma le vedo ogni volta che mi baci."*

Maria: *"E ogni volta che rispondi ai miei baci. Lo so dove li vedi.*

David: *"Si! Le vedo su di te."*

Maria: *"Le vedi su te stesso; perché noi siamo uguali: tu ed io."*

David: *"Sarei anch'io egocentrico, cinico, indifferente?"*

RUMORI, SUONI E MUSICA

Come e di più che in qualsiasi altro film di Ingmar Bergman i rumori, il suono e la musica giocano, in *Sussurri e grida,* un ruolo importantissimo. Nelle immagini del film si vedono spesso e, altrettanto spesso si sentono, gli orologi, col loro ticchettio continuo e coi loro rintocchi: sono rappresentati sotto forma di piccole pendole da comò o di regolatori da parete. Uno di questi si era fermato: viene rimesso in orario proprio dalla agonizzante Agnes che, per farlo, si alza dal letto, dopo l'ennesima crisi di dolore, alle quattro del mattino: lo spettatore è a conoscenza dell'ora esatta dalla inquadratura stretta che Bergman chiude sul quadrante dell'orologio e dai quattro rintocchi che, quasi automaticamente è portato a contare durante la visione e l'ascolto del film.

L'orologio, convenzionalmente ha la funzione di misurare il tempo e di segnare l'ora esatta.

E sembra proprio questa l'unica ma nevralgica funzione che il regista gli assegna nel film: misurare lo scorrere dei secondi, dei minuti, delle ore che, nella casa, separano Agnes dalla fine della sua vita, del suo dolore e della sua agonia.

Il tempo esatto che manca alla sua morte.

Gli altri suoni che lo spettatore avverte sono quelli quasi impercettibili dei corpi, il frusciare degli abiti e della biancheria; lo scalpiccio dei passi sul pavimento; il rumore dei bicchieri di cristallo e delle posate su piatti della tavola da pranzo; o, ancora, i rantoli, i sussurri e le grida di Agnes e degli altri personaggi che contrappuntano alcune scene topiche.

Oppure, ancora, il suono è quello dei

brani musicali quasi centellinati.

I brani musicali, veri e propri, ascoltati nel corso del film, in realtà, sono solo due:

a) la *Mazurka in La minore op.17 n.4* di Chopin, eseguito al pianoforte da Kabi Laretei, quarta moglie di Bergman, messa sotto contratto addirittura dalla moglie in carica, Ingrid van Rosen;

b) la *Sarabanda dalla Suite in do minore n.5* di Bach, eseguita dal violoncellista Pierre Fourneur.

Molto particolari sono pure i momenti nei quali Ingmar Bergman fa uso dei due commenti musicali: *"Un'armonia perduta e poi ritrovata"* nel ritrovato rapporto di Agnes con la madre; e il rapporto di ritrovata comunicativa tra le due sorelle Agnes ed Anna.

CONCLUSIONE

Il film uscì in anteprima a New York il 21 dicembre del 1972, mentre in Svezia arrivò solo più di un anno dopo: il 5 marzo del 1973.

Sussurri e grida è un film sontuoso.
Per l'impianto scenico, per i costumi, per gli attori, per la quantità di simboli, per la ricchezza di valori formali e sostanziali, per la musica e per i suoni e per le luci e i colori.
Per finanziare il film, oltre al mezzo milione attenuto dalla Svensk Filmindustri, Ingmar Bergman dovette dare fondo a buona parte dei suoi risparmi e chiedere anche agli attori principali, peraltro tutti sui amici, di investire nella produzione la loro paga sindacale.
Nonostante ciò i lavoratori dello spettacolo svedese si opposero duramente, sostenendo che Bergman

non avrebbe avuto difficoltà a trovare tutti i soldi che gli servivano all'estero e questo avrebbe dovuto indurlo a non approfittare delle scarse finanze della casa di produzione nazionale.

Purtroppo, come si suol dire: *anche i ricchi piangono!*

Ingmar Bergman, all'epoca, aveva anche lui difficoltà a reperire i fondi, dopo il mezzo insuccesso de *L'adultera*[28].

Tuttavia quando il film uscì nelle sale, all'accoglienza tiepida riservata dagli svedesi, si contrappose il successo tributato dagli americani a New York, dove il film fu presentato, in una sala non proprio di prim'ordine, prendendo all'ultimo momento il posto di un film di Luchino Visconti.[29]

Ma *Sussurri e grida* è anche il film

---

28 *Beroringen,* 1970.
29 Probabilmente doveva trattarsi di *Morte a Venezia* o di *Ludwig*, insieme a *La caduta degli dei*, tre film della cd. *Trilogia tedesca.*

che, oltre a dargli l'indipendenza economica, dopo la cd. *Tetralogia di Faro*[30], dà a Ingmar Bergman anche la piena consapevolezza dei suoi potenti mezzi espressivi.

Già nella fase di allestimento della scenografia non c'era stato nella villa un singolo particolare che non fosse stato fotografato e ripreso nel giusto contesto e nella giusta luce.

Circolano molte famose foto di scena nelle quali Ingmar Bergman posiziona letteralmente con le sue proprie mani gli attori sulla scena, nella esatta posizione spaziale che essi devono rigidamente assumere nell'inquadratura.

E' rimasta leggendaria, fra tutte, quella in cui si vede, da dietro, il letto di morte di Agnes e di fronte Ingmar Bergman che guida Liv Ullman,

---

30 Composta di 4 film: *Persona; L'ora del lupo*, *Vergogna* e *Passione*.

tenendola da dietro per le braccia, nella esatta posizione che deve assumere davanti ad Agnes, la sorella morta, e accanto all'altra sorella Karin.

"Ogni forma di improvvisazione mi è estranea...il cinema è per me un illusione progettata fin nei minimi dettagli, lo specchio di una realtà che quanto più vivo più mi appare illusoria.[31]*"*

E' per questo motivo che nelle grandi stanze rosse della signorile villa di Taxinge tutto era ed appariva al suo posto: mobili, soprammobili, orologi, personaggi.

E negli occhi e nella mente di chi ha amato il film è ancora tutto così.

---

31 Ingmar Bergman, *Lanterna magica*.

QUALCHE CURIOSITA'

- ad alcune atmosfere e personaggi di *Sussurri e grida* si è ispirato Woody Allen nel suo *Interiors*[32];

- a far parte del *cast* del film doveva arrivare dagli U.S.A. Mia Farrow[33], che Ingmar Bergman aveva interpellata, ma poi della sua partecipazione non se ne fece niente.

- Il motivo per cui non partecipò Bibi Andersson invece si sa: era in cinta.

- E, contrariamente a quanto previsto dal regista in un primo momento, non partecipò nemmeno Gunnel Lindblom[34]

---

32 Un film del regista statunitense del 1978.
33 Nota attrice americana, negli anni '80 moglie di Woody Allen.
34 Altra nota attrice bergmaniana: interprete di *Il*

che Bergman avrebbe voluto
perché la considerava una...
*"solida e dichiarata
femminilità."*

posto delle fragole; Il settimo sigillo, La fontana
della vergine, Il silenzio, Luci d'inverno e Scene da
un matrimonio.

NOTIZIE SUL FILM

Titolo originale	*Viskningar och rop*
Lingua originale	Svedese
Paese di produzione	Svezia
Anno	1972
Durata	91 min
Colore	colore (Eastmancolor)
Audio	sonoro (mono)
Rapporto	1,66:1
Genere	drammatico
Regia	Ingmar Bergman
Soggetto	Ingmar Bergman
Sceneggiatura	Ingmar Bergman
Produttore	Lars-Owe Carlberg
Casa di produzione	Cinematograph AB, Svenska Filminstitutet
Fotografia	Sven Nykvist
Montaggio	Siv Lundgren
Musiche	Pierre Fournier
Scenografia	Marik Vos-Lundh
Trucco	Cecilia Drott, Borje Lundh

PERSONAGGI E INTERPRETI

- <u>Harriet Andersson</u>: Agnese
- <u>Kari Sylwan</u>: Anna
- <u>Ingrid Thulin</u>: Karin
- <u>Liv Ullmann</u>: Maria e la madre di Maria
- <u>Erland Josephson</u>: David, il dottore
- <u>Henning Moritzen</u>: Joakim, marito di Maria
- <u>Georg Årlin</u>: Fredrik, marito di Karin
- <u>Anders Ek</u>: padre Isak
- <u>Inga Gill</u>: narratore
- <u>Linn Ullmann</u>: figlia di Maria
- <u>Ingrid Bergman</u>: spettatrice (nei titoli come Ingrid von Rosen)
- <u>Lena Bergman</u>: Maria, quando era bambina
- <u>Lars-Owe Carlberg</u>: spettatore
- <u>Malin Gjörup</u>: figlia di Anna
- <u>Greta Johansson</u> e <u>Karin Johansson</u>: addetta alle pompe funebri
- <u>Ann-Christin Lobråten</u>: spettatrice
- <u>Börje Lundh</u>: spettatore
- <u>Rossana Mariano</u>: Agnese da bambina

BIBLIOGRAFIA ESSENZIALE

IMMAGINI (di Ingmar Bergman, Milano 1992, ed.Garzanti, Titolo originale: *Bilder);*

LANTERNA MAGICA (di Ingmar Bergman, Milano 1987, ed. Garzanti)

INGMAR BERGMAN (di Antonio Costa, Venezia 2009, ed. Marsilio);

CONVERSAZIONI PRIVATE (di Ingmar Bergman, Milano 1999, ed. Garzanti);

CONVERSAZIONE CON INGMAR BERGMAN (di O.Assayas e S.Bjorkman, Torino 2008, ed.Lindau);

INGMAR BERGMAN (di Sergio Trasatti, ed. Il Castoro, 1995);

BERGMAN THE GENIUS - La vita, le idee, i film, i rapporti con l'Italia, l'amore per l'isola di Faro (di Aldo Garzia, Editori Riuniti, 2010);

INGMAR BERGMAN (di Jacques Mandelbaum, Collana *I maestri del cinema* nei *Cahiers du Cinema)*

BEN RITROVATO, ERNST INGMAR - Saggio sull'opera cinematografica di Bergman (di Claudio Papini, ed. De Ferrari, 2010)

IL GENIO DI UPPSALA – Il grande cinema di Ernst Ingmar Bergman spiegato a chi lo ignora (di Salvatore M. Ruggiero, ed Lulu.com)

INDICE